AF482827

Domus professa Paris. Iesu ...

L'OPTIQVE.

COMPRENANT

LA COGNOISSANCE

DE L'OEIL, DE LA LVMIERE,

ET DES COVLEVRS.

Quantité d'experiences touchant la Veuë.

Diuerses façons d'agir, ou d'éclairer, directement, par reflexion, ou par refraction.

L'Appareil contenant les fonctions des principales parties de l'œil.

L'Oeconomie de la Veuë representant ce qui se passe dans l'œil, & le sens interieur.

Les effects de la Veuë en diuerses occurrences.

La Veuë directe auec les sources de la perspectiue.

Les Lunettes ordinaires & extraordinaires.

Les Miroirs Plans, & leurs effects.

Les Miroirs Spheriques, Cylindriques, & Coniques.

Les Miroirs Ardens, & leurs effects.

A PARIS,

Chez FRANÇOIS PELICAN, ruë sainct Iacques, au Pelican, proche le College des Peres Iesuites.

M· DC· XLV.

AVEC PRIVILEGE DV ROY.

Ne extra hanc Bibliothecam efferatur. Ex obedientiâ.

Voicy l'Oeil representé dans toutes ses parties exterieures & interieures.

1. 2. L'œil dans sa place naturelle, & deffendu de ses paupieres. Les parties qui paroissent sont le Blanc, l'Iris, & la Prunelle. 3. L'œil detaché de sa place, & reuestu de ses muscles & membranes. E B la membrane appellée Adnata, & qui sert pour affermir l'œil. A O la partie apparente de l'œil. P la partie cachée. A le Soleil, l'Iris, ou le brun de l'œil, & la prunelle dans le milieu. O le blanc de l'œil. R le nerf de veuë appelle Nerf optic. V les muscles pour le mouuement de l'œil. 4. L'œil veu de front. A l'Iris, O le blanc. E la membrane Adnata. I les conduits des larmes. 5. L'œil dépoüillé de ses muscles & membranes. A O R la tunique exterieure, épaisse & dure, appelée la Sclerotique, ou la Sclerode. R la tunique exterieure du nerf optic, prenant sa source de la tunique exterieure du cerueau, appelée la dure mere. 6. La coupe de l'œil tranché en deux par l'Iris, & le nerf de veuë. E E les tranches, & coupes faites à dessein d'y recognoistre l'ordre, & les parties interieures, comme fait celle qui suit.

7. La Tranche de l'œil, ou son Profile. Des trois tuniques, qui inuestissent le fonds de l'œil, celle qui paroist en dehors, est la Sclerotique, & celle qui est au milieu, s'appelle la Choroïde, & l'interieure se nomme la Retine, ou Retiforme, ou le fonds de l'œil. A represente la partie du deuant de la Sclerotique, laquelle est appelée la Cornée, ou la Corne, à raison qu'elle est transparente. DD la partie du deuant de la Choroïde appelée l'Vuée pour estre semblable à la peau d'vn grain de raisin. B la Prunelle, qui n'est autre chose qu'vn trou dans l'Vuée. C le Chrystalin renfermé dans sa tunique, & soustenu tout au deuant de la Prunelle. E E les Retours ciliaires, & comme vn reply des tuniques fait pour suspendre & balancer le Chrystalin. D B D l'Eau, ou l'humeur d'eau auec l'Vuée, qui nage dedans. E F E le Verre, ou le sein de l'œil remply de l'humeur de Verre.

8. La Choroïde seule, & separée de la Sclerotique. A l'Vuée. R la tunique interieure du nerf de veuë, qui naist de la tunique interieure du cerueau. 9. La Retine seule, & dans sa figure naturelle. R le nerf de veuë, qui prend sa naissance du cerueau, & estant arriué dans l'œil fait la Retine en forme d'vn rets, ou d'vne couppe, la composant de quantité de petits nerfs, desquels luy-mesme, comme le reste des nerfs, est composé. 10. L'Vuée seule & separée, & la Prunelle au milieu. 11. Le Chrystalin veu de costé. 12. Le mesme veu de front. 13. Les Retours ciliaires veus par dedans. 14. Les mesmes veus par deuant. Le Chrystalin soustenu & balancé par les Retours, à l'aide de quantité de petits filets, qui le suspendent, comme vne aragnée, d'où il est aussi appellé Aragne, & sa tunique, l'Arachnoïde, & la Chrystalloïde. 15. La tunique de l'humeur de verre, appellée Hyaloïde. 16. La forme de l'humeur d'eau, qui n'a point de tunique particuliere. 17. Le Chrystalin se reposant sur l'humeur de verre. Au reste l'humeur d'eau à la mesme force, & resistance, que l'eau commune; le Chrystalin, & l'humeur de verre, sont comme le verre à peu prés; la Cornée est transparente, comme aussi la Chrystaloïde, & l'Hyaloïde; la Retine l'est vn peu; les autres sont opaques.

OA

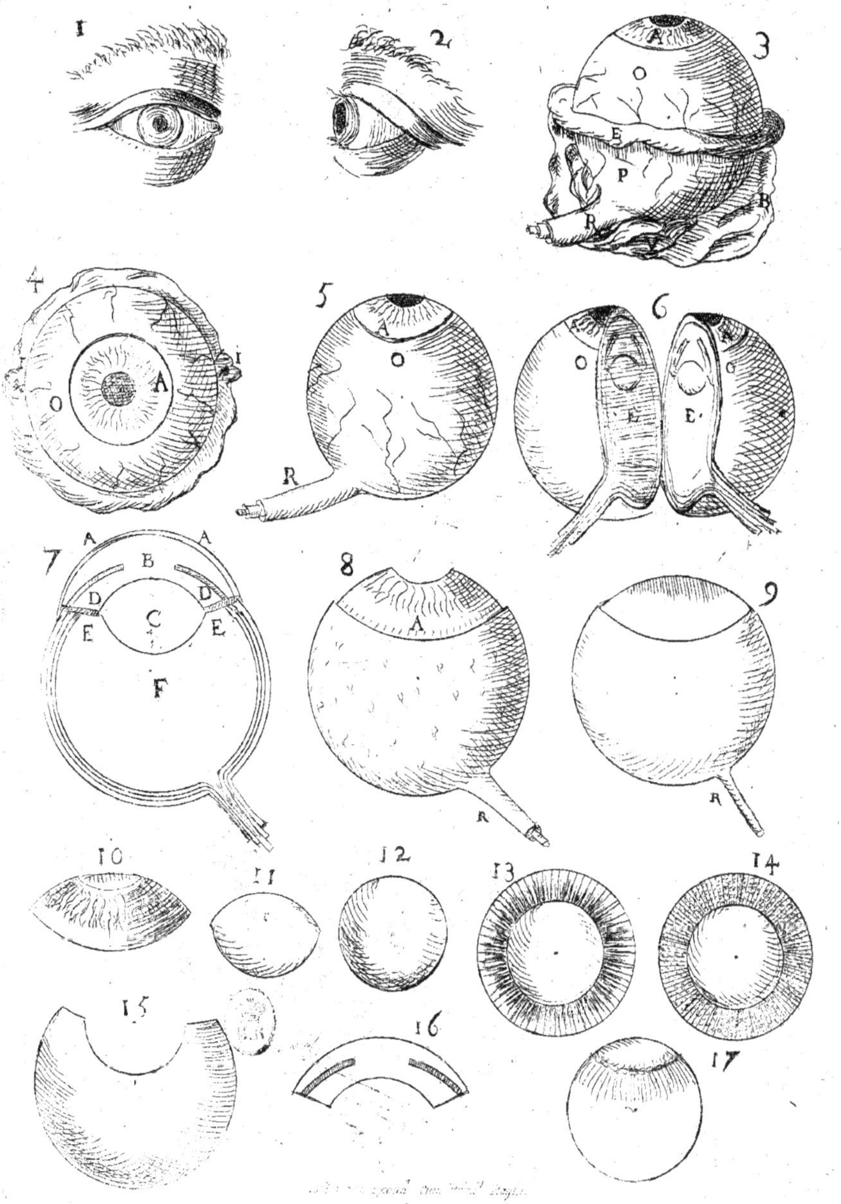

1

2

3
A
O
E
P
B
R

4
I
O
A

5
A
O
R

6
O
O
E
E

7
A A
B
D D
E C E
F

8
A
R

9
R

10

11

12

13

14

15

16

17

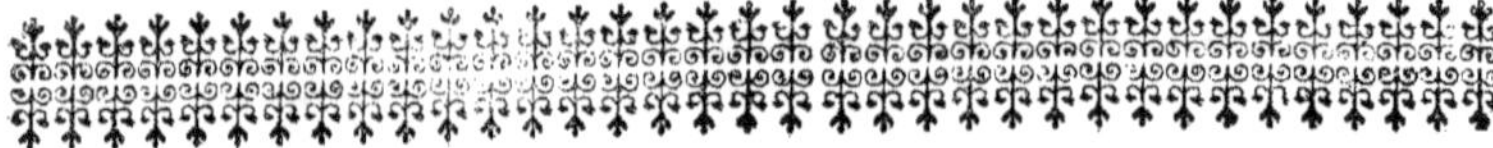

L'OBIET DE LA VEVE.

La clairté & la couleur sont les obiets de la Veuë, & rendent l'œil fertile, & capable de voir par l'entremise de la lumiere, & des especes, qui en sont les images naturelles,

La clairté est la qualité d'vn corps esclairant, comme du Soleil, d'vn flambeau, vers luysant, & semblables. La lumiere est l'image d'vn corps éclairant. La couleur est la qualité d'vn corps coloré, laquelle estant iointe à la lumiere fait auec elle vn corps coloré rayonnant, comme l'escarlate esclairée, &c. L'espece est l'image d'vn corps coloré rayonnant.

Le corps transparent, est celuy qui n'a aucune opacité, ou couleur sensible & qui ne retient point la lumiere, ny les especes : comme au contraire l'opaque est celuy qui est tellement coloré, qu'il retient & borne dans son pourpris la lumiere, & les especes : & le corps transparent en partie, ou opaque en partie est celuy, qui retient en partie la lumiere, & les especes, & en partie les laisse passer.

L'effect propre de la clairté, couleur, lumiere, & des especes, est d'agir dans l'œil, & le cerueau, & determiner l'ame à produire certaines idées, ou especes. Pour ce faire, la clairté & la couleur se seruent de la lumiere & des especes, comme de leurs instruments naturels. Le corps esclairant produit dans l'air tout autour la lumiere : si cette lumiere est receuë dans l'œil, elle y est renduë l'image du corps rayonnant, qui est vu : si elle est receuë dans vn corps transparent entierement, elle n'y a point d'effect faute de couleur, sans laquelle elle est infertile : si en fin elle est receuë dans vn corps en partie opaque, là elle compose auec la couleur vn agent coloré & rayonnant. Ce corps ou agent enuoye pareillement & produit dans l'air tout autour son espece, qui fait tout le mesme que la lumiere cy-dessus ; en sorte qu'il se fait diuers corps colorez & rayonnans, selon l'alliage des differentes lumieres, especes, & couleurs, ou opacitez.

Vous pouuez considerer ces effects dans le Soleil A & sa lumiere B : dans la flamme colorée C, & sa lumiere D : dans les corps colorez & rayonnans F, H. auec leurs especes, & vous verrez comme quoy sont composez diuers corps rayonnants dans les nuées, dans le verre, dans l'eau, le vin, &c. Ou vous remarquerez que la mesme espece ou idée peut estre causée dans l'œil & le cerueau par diuers corps rayonnans, ou diuers composez de couleur opacité, lumiere, especes simples, ou composées, & de là vous viendrez à connoistre plus particulierement la nature des couleurs, & comme quoy elles agissent sur l'œil, & le determinent à produire de certaines idées semblables en certaine façon ausdites couleurs, comme ayans mesme ou semblable effect sur l'imagination, d'où l'on prend la semblance, qui se trouue entre les objects perceus par les sens, & leurs idées ou especes.

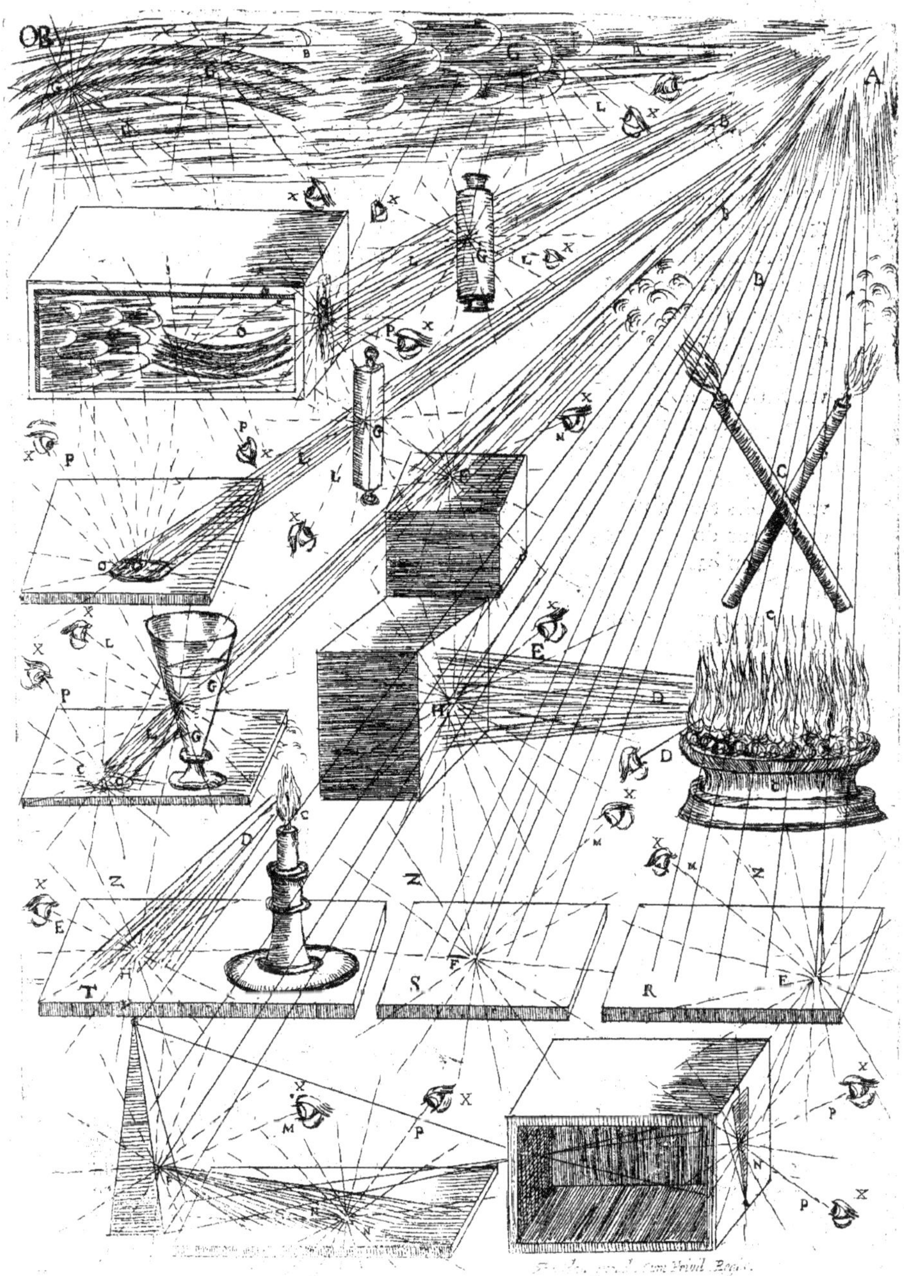

EXPERIENCES TOVCHANT LA VEVE.

'Il faut tellement eſtablir la veuë & ſon œconomie, qu'on puiſſe expliquer, & rendre raiſon de toutes les experiences, & effets qui paroiſſent au tour de l'œil. Ainſi auant tout autre choſe conſidererons ce qui ſe paſſe dans la veuë pour en tirer de bonnes concluſions.

Outre les experiences ordinaires, que chacun peut rèmarquer, en voicy de particulieres. Prenez des morceaux de carte approchans de la grandeur de ceux que vous voyez repreſentez dans les figures 1. 2. 3. Percez-les auec vne petite eſguille, en ſorte que d'aucuns ayent vn ſeul trou, les autres 2. 3, ou pluſieurs, à condition que s'il y en a 2. 3, ou plus, tous ſoient dans vn eſpace vn peu plus petit que la prunelle de l'œil.

1. *Experience.* Regardez, comme dans la 1. figure vn objet à trauers vn deſdits trous : paſſez entre la carte & voſtre œil vn autre morceau de carte tout doucement, & lors, ſi ladite carte paſſe de droit à gauche, ou de haut en bas elle vous bouchera l'objet de gauche à droit, & de bas en haut.

2. *Experience.* Prenez vne eſpingle, comme dans la fig. 2. & 3. portez la contre voſtre œil, & elle vous paroiſtra fort groſſe, & comme tranſparente, & ſi vous paſſez entr'elle & voſtre œil vn morceau de carte, il vous bouchera l'eſpingle comme cy-deſſus.

3. *Experience.* Prenez vne carte percée de 2. trous dans la 5. fig. mettez la contre voſtre œil, & ayez en diſtance de 3. pouces enuiron vn point, ou vne lettre marquée ſur vne autre carte bien eſclairée, & vous verrez que ce point ou lettre ſe multipliera ou paroiſtra en pluſieurs endroits. Pour faire cela commodement, ſeruez-vous d'vn petit tuyau de carte comme d'vn eſtuy de curedent : faites-y vn trou d'vn coſté, & 3. de l'autre, comme dans la figure 6. & regardant par celuy, qui a trois trous vers la lumiere, vous iugerez que l'autre coſté en aura autant. Cecy vous fournira diuerſes experiences.

4. *Experience.* A trauers vn ſeul trou, comme dans la fig. 11. regardez vn point, ou vne lettre bien eſclairée, & elle vous paroiſtra noire & grande, en ſorte que vous lirez facilement de petites lettres ſans lunettes. Prenez pareillement vn morceau de carte, faites-y vn trou auec vne groſſe eſpingle, mettez le tout contre voſtre œil, & approchez fort prés du meſme œil vne image, & vous verrez que cette image vous paroiſtra grande à merueille, & comme ſi elle eſtoit en relief

5. *Experience.* Lors que vous vous ſeruez deſdits morceaux de carte troüez, comme dans les experiences 1. 2. 3. preſentez vne eſpingle entre voſtre œil, & le trou de la carte, & elle paroiſtra dans les autres troux, comme venant de dehors, & renuerſée.

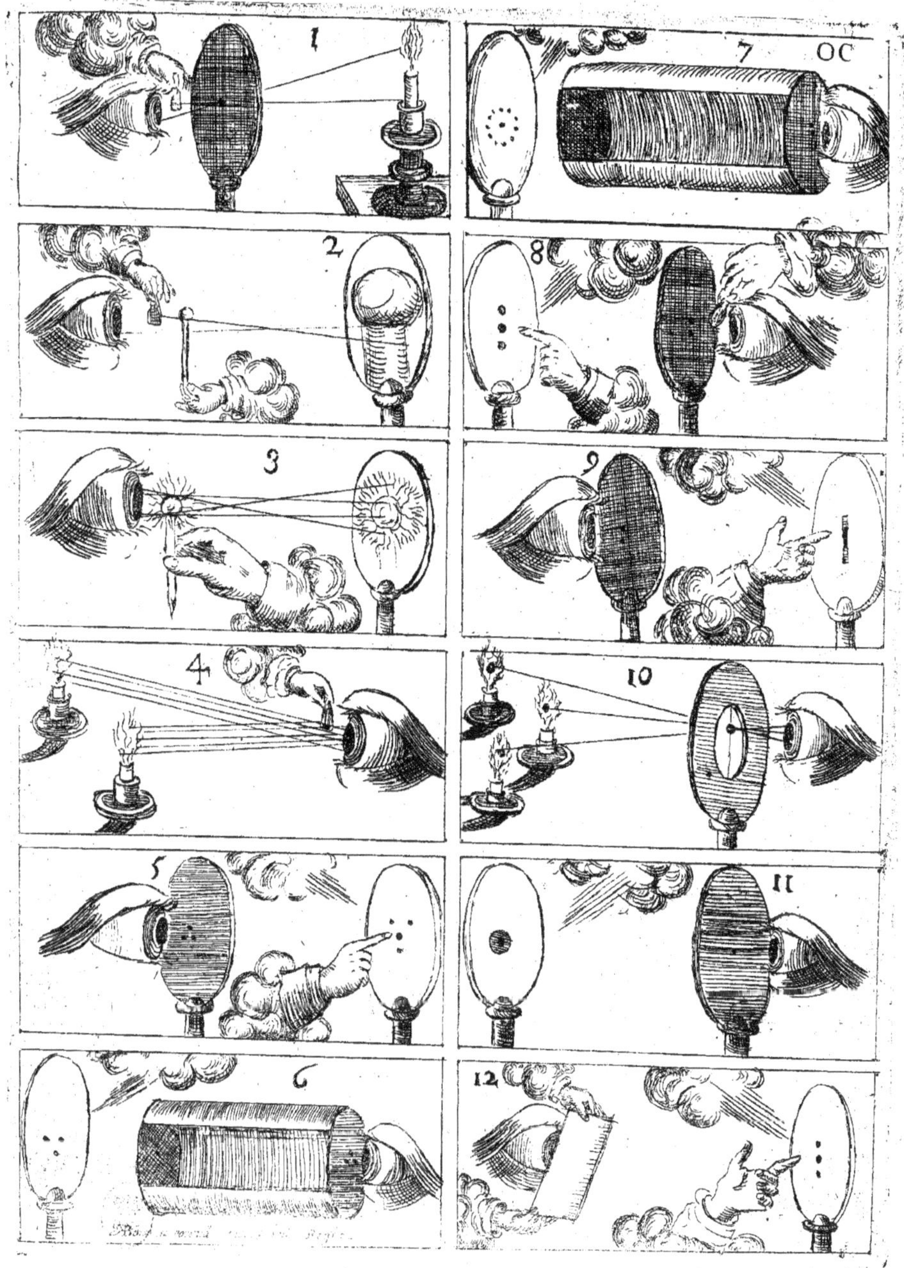
1
2
3
4
5
6
7 OC
8
9
10
11
12

L'ACTION DIRECTE, REFLECHIE,
& rompuë.

Puis que les objects esclairans, & colorez, enuoyent dans l'œil leurs especes, par des lignes droites, qui sont autant de rayons, qui portent iusqu'au fond de l'œil, il faut bien comprendre comme quoy ces rayons sont produits, tant dans l'œil, que dans l'air, & tout autre milieu interuenant, comme l'eau, verre, & semblables.

Le corps rayonnant produit sa lumiere dans vn milieu de mesme nature par des lignes droites, qui s'appellent rayons directs. Que si ces rayons rencontrent vn corps, comme vn Miroir, ils se replient & reflechissent : & voila les rayons reflechis. Que si en fin le corps rayonnant dans vn milieu, rencontre vn autre milieu de nature differente, les rayons estans arriuez sur la surface dudit milieu, ne continuëront pas en ligne droite, mais se destourneront à costé, & feront auec les precedents comme des rayons rompus. Ainsi dans la Figure 1. 2. 3. les rayons directs sont B A tombans sur le point du Miroir A, appelé point d'incidence, & ces rayons sont aussi appelez Rayons d'incidence : Les rayons reflechis sont A C, & le plomb esleué du point d'incidence A, est appellé le plomb d'incidence. Dans la Fig. 7. 8. les rayons directs, ou d'incidence sont B A, & A le point d'incidence, & A D le plomb. Les rayons rompus sont A C.

Pour regler les reflexions, il faut considerer les angles qui sont faits par les rayons auec leur plomb. L'vn est appelé Angle d'incidence, comme B A D és susdites Figures : L'autre de reflexion, comme D A C.

Regles de la reflexion. 1. *Regle.* L'Angle de reflexion est égal à l'angle d'incidence. Cecy ce voit en tout Miroir. Fig. 1. 2. 3. 4. 5. 6. ou dans les Miroirs spheriques le plomb est tiré du centre iusques & par le point d'incidence. 2. *Regle.* Les rayons reflechis suiuent la nature de leurs plombs, ainsi qu'il appert dans les Figures 4. 5. 6. ou les rayons reflechis s'vnissent, ou ne s'vnissent pas, lors que leurs plombs s'vnissent, ou ne s'vnissent pas.

Regles de la refraction. 1. *Regle.* Quand le rayon passe d'vn milieu rare dans vn espais, il s'approche du plomb, comme fait A C 7. Figure. 2. *Regle.* Quand le rayon passe d'vn milieu espais dans vn rare, il s'esloigne du plomb, comme A C dans la 8. Fig. 3. *Regle.* Les rayons rompus suiuent la nature de leurs plombs, ainsi qu'il paroist dans les Fig. 10. 11. 12. en mesme façon que dans la reflexion.

Ainsi pour connoistre la part ou doit aller le rayon reflechi, esleuez du point d'incidence vne ligne à plomb, & faites vn angle esgal à celuy d'incidence. Semblablement, pour connoistre ou doit aller le rayon rompu, esleuez le plomb d'incidence, & soyez asseuré que le rayon rompu s'en approchera, ou reculera, selon les regles susdites, & de telle quantité que vous sçaurez en son lieu.

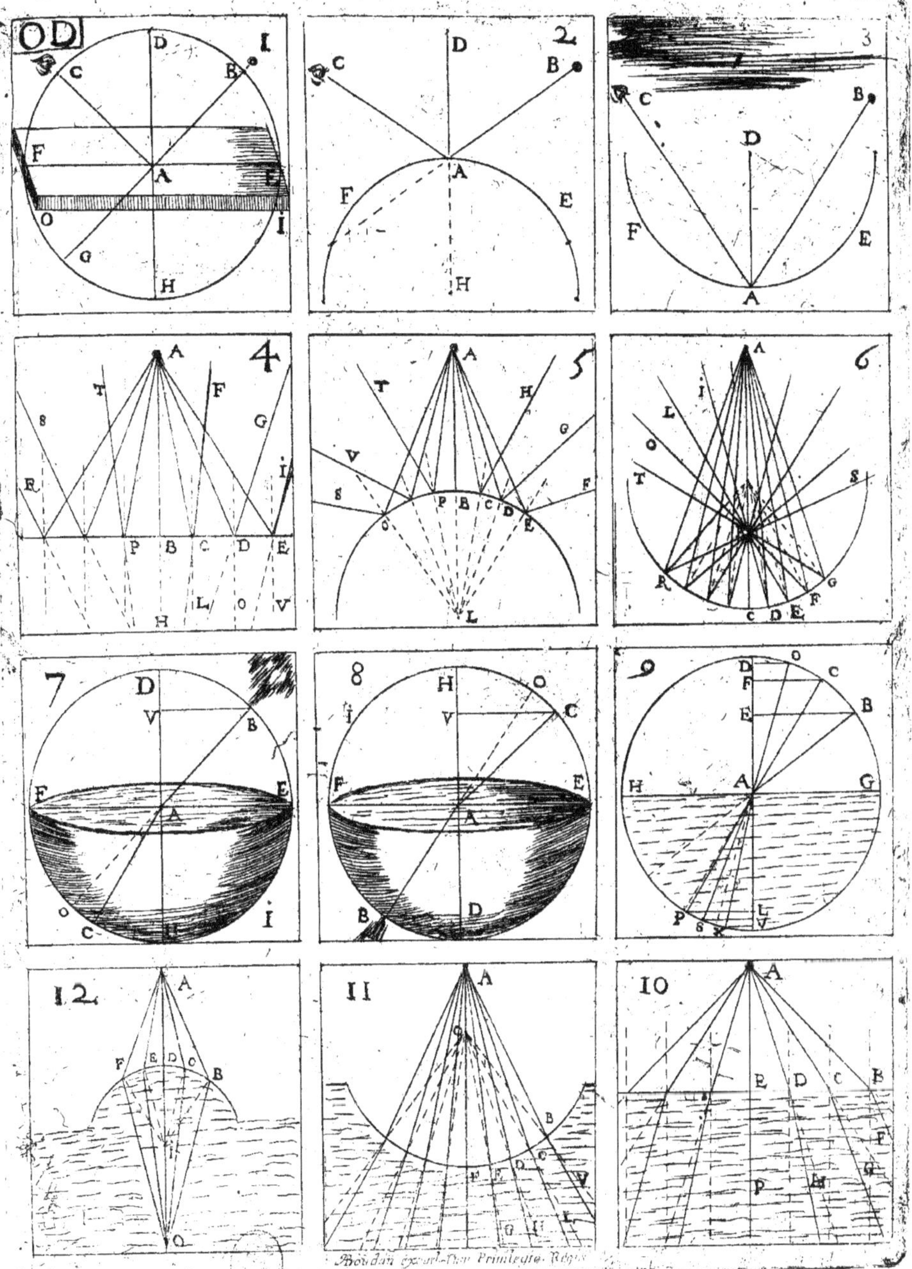
OD
1
2
3
4
5
6
7
8
9
10
11
12
Bouda excud. Cum Priuilegio Regis

L'APPAREIL DE LA VEVE.

Pour vous diſpoſer à comprendre facilement l'œconomie de la Veuë, re-preſentez-vous ce qui ſe paſſe dans vne chambre bien fermée, à la reſerue d'vn petit trou fait dans la feneſtre. Là ſi vous oppoſez au trou en juſte diſtance vn papier ou linge blanc, tous les objects qui ſont dehors paroiſtront repreſentez au naturel ſur le papier. Pour vous ſeruir de cét artifice de la nature, faites vn Cylindre de carte en forme de Tambour, comme dans la 3. 4. & 5. fig. ayez ſur vne des faces vn petit trou, & que l'autre face ſoit faite d'vn papier bien bandé & huillé: pour lors oppoſez aux objects qu'il vous plaira le trou du Cylindre, & vous verrez que ces objects ſe re-preſenteront ſur la face de papier, pourueu qu'elle ſoit dans l'obſcurité, & que le Cylindre ſoit bien long. Que ſi vous le voulez racourcir, mettez au trou, comme dans la 4. fig. vn Chriſtal conuexé, & proportionné à la longueur du Tambour, & vous verrez auſſi toſt, que tout ſera repreſenté à rauir ſur la face de papier, quoy que le trou ſoit rond, ou triangulaire. Voila vne image de ce qui ſe paſſe dans l'œil, au fond duquel les objects ſont peints par le moyen des eſpeces, qui paſſent par la prunelle, comme par vn trou, & ſe fortifient & ordonnent par le moyen du Chryſtalin; en ſorte qu'elles font ſur la retine vne belle peinture des objects.

Le principal office dans cette belle œconomie eſt du Chryſtalin, qui ſert à rompre & pointer juſtement ſur la retine les eſpeces, ou rayons, qui partent d'vn meſme point de l'objet en cette ſorte. 7. fig. ſoit l'object ABC. le point A fait comme vne pyramide d'eſpeces & de rayons, qui rempliſ-ſent la prunelle, & paſſans dans le Chryſtalin, ſont rompus, & pointez au point I de la retine, ou ledit A eſt repreſenté par autant de rayons, qu'il y en a dans la pyramide viſuelle. B, en fait autant, & ſe va peindre en V : comme C en O, & tous les autres de meſme, ſans qu'il ſoit beſoin de les repreſenter icy, ny dans les figures ſuiuantes.

Que ſi le Chryſtallin n'eſt pas de bonne forme, mais ou plus rond, ou plus plat qu'il ne faut, les rayons de châque point de l'objet, ne s'vniſſent pas dans la retine, & en ſuitte ne font pas vne peinture nette & diſtincte. Voyez les fig. 8. 9. 10. le meſme Chryſtal d'vne juſte diſtance fait la pointe ou pyramide interieure juſte 9. fig. d'vne diſtance trop petite, il la fait trop longue 8. fig. d'vne plus grande diſtance, il la fait trop courte, & en ſuit-te en fait vne autre renuerſée 10. fig. De plus, d'vne meſme diſtance le Chryſtalin de juſte rondeur fait la pyramide juſte 11. fig. le Chryſtalin trop plat, la fait trop longue 12. fig. Bref, celuy qui eſt trop rond la fait trop courte 13. fig. les ſeules pyramides juſtes font des peintures nettes, & ſans cônfuſion, les autres font tout confus, peignans le meſme point en dieurſes parties de la retine, les vns ſur les autres, comme ſi ſur le pa-pier vous faiſiez pluſieurs A les vns ſur les autres, non pas tout a fait.

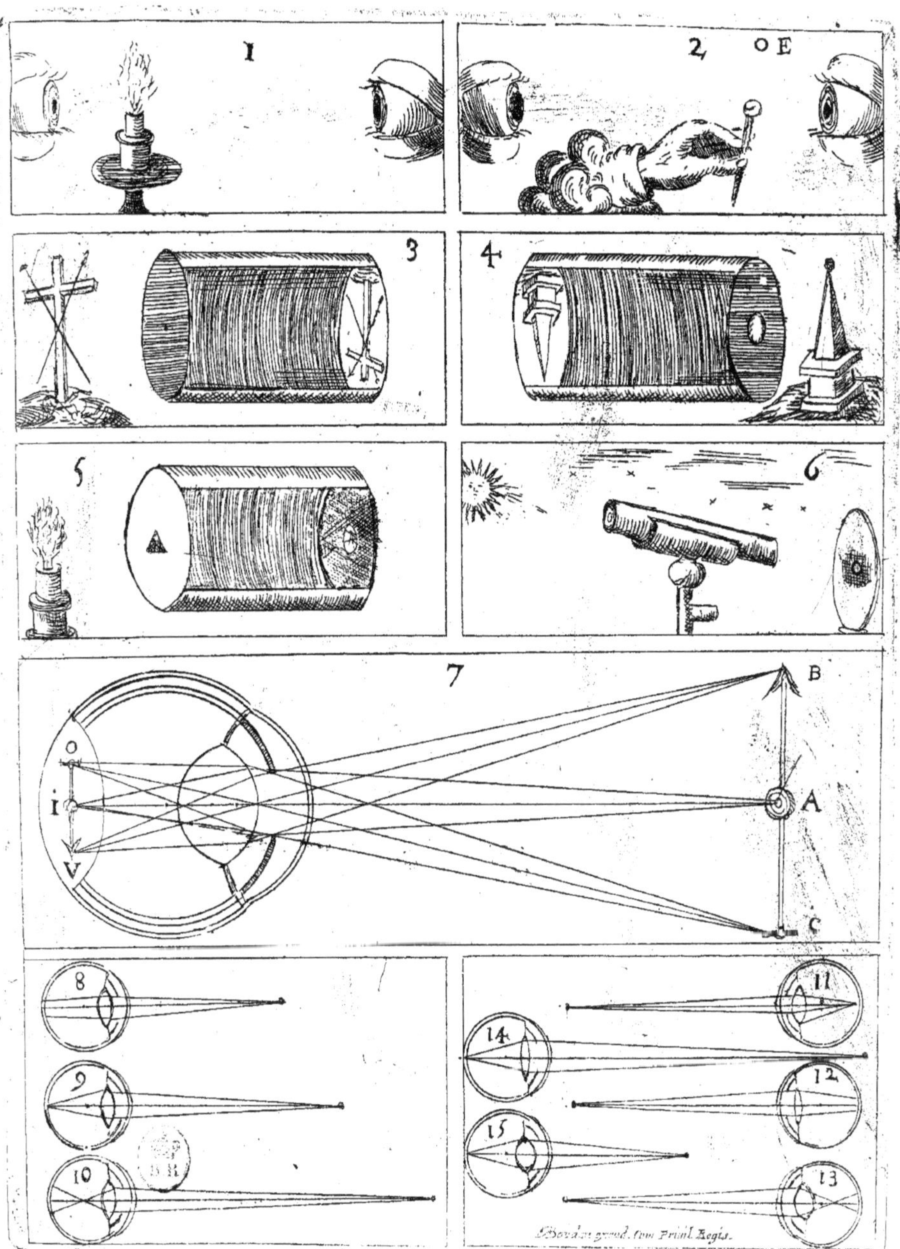

1
2 OE
3
4
5
6
7
B
A
C
O
i
V
8
9
10
11
12
13
14
15
Bordon sculp. cum Privil. Regis.

L'ECONOMIE DE LA VEVE.

La Veuë se fait de la sorte. 1. Figure. Le point A sur lequel l'œil est pointé, se peint comme cy-dessus au milieu de la retine A, & par le moyen d'vn filet du nerf optique, qu'il y rencontre, il est aussi representé en quelque façon dans le point du cerueau A. Le point gauche C en fait autant, & se represente dans la partie droite de la retine, & dans le cerueau. Le point droit B autant, & est peint dans la partie gauche de la retine, & dans le cerueau, autant de tous les autres points de l'objet, qui est peint à l'enuers dans l'œil, & toutefois il est veu, & apprehendé droit, & dans son site naturel, de cette sorte. La puissance visiue perçoit & apprehende chaque partie de l'objet droit à plomb deuant la partie de la retine, dans laquelle elle est peinte, ainsi qu'il se demonstre par les experiences susdites. Donc puis que la retine est courbe, ou spherique, le point A representé au milieu sera veu droit deuant, comme dans la ligne A A, & sera l'essieu de la veuë. Le point C peint à droit, sera veu à gauche, où il est, comme par la ligne C C sortant à plomb de C. B peint à gauche, paroistra à droit où il est, &c.

Voicy quelques regles qui vous seruiront. 1. *Regle.* Le point de l'objet, qui répond droit au milieu de la prunelle, & entre dans la retine sans aucune refraction, est veu pareillement en mesme ligne, & fait l'essieu de la veuë, comme A A. Le point qui est dans l'objet au dessus dudit point de l'essieu est peint au dessous dans l'œil, & paroist au dessus, où il est C C. le point qui est au dessous est peint au dessus, & paroist au dessous B B. Cecy se prouue par les experiences susdites, ainsi que vous pouuez voir dans les fig. 3. 4. 8. *Regle* 2. Le mesme point de l'objet se peint d'ordinaire dans la mesme partie de l'œil droit & gauche, & en suite dans la mesme partie du cerueau, d'où s'ensuit qu'il est veu en vn seul lieu, comme dans la premiere figure. *Regle.* 3. Si le mesme objet est peint dans vne partie de l'œil droit, & dans vne autre differente du gauche, il sera representé en deux parties differentes du cerueau, & paroistra double, ou en deux lieux. Voyez les figures 5. 6. 7. & faites-en vous mesmes l'experience. Regardez comme dans la figure 6, vne chandelle B, & mettez vostre doit A entre vos yeux & la chandelle, & tenant les essieux de veuë fichez sur B ; A paroistra double. Que si vous fichez vos essieux sur le doit A, fig. 5 la chandelle B paroistra double. De plus, si regardant vn objet, comme A. 7. fig. vous pressez du doit vn de vos yeux, comme D, vous verrez la chandelle double. Le tout par les regles susdites, qui vous feront entendre pourquoy les objets veus a costé par les deux yeux paroissent confus, les peintures ou especes des vns estans sur les autres plus ou moins dans le cerueau, ou le sens commun perçoit, & fait son estime touchant les objets par leurs peintures ou actions.

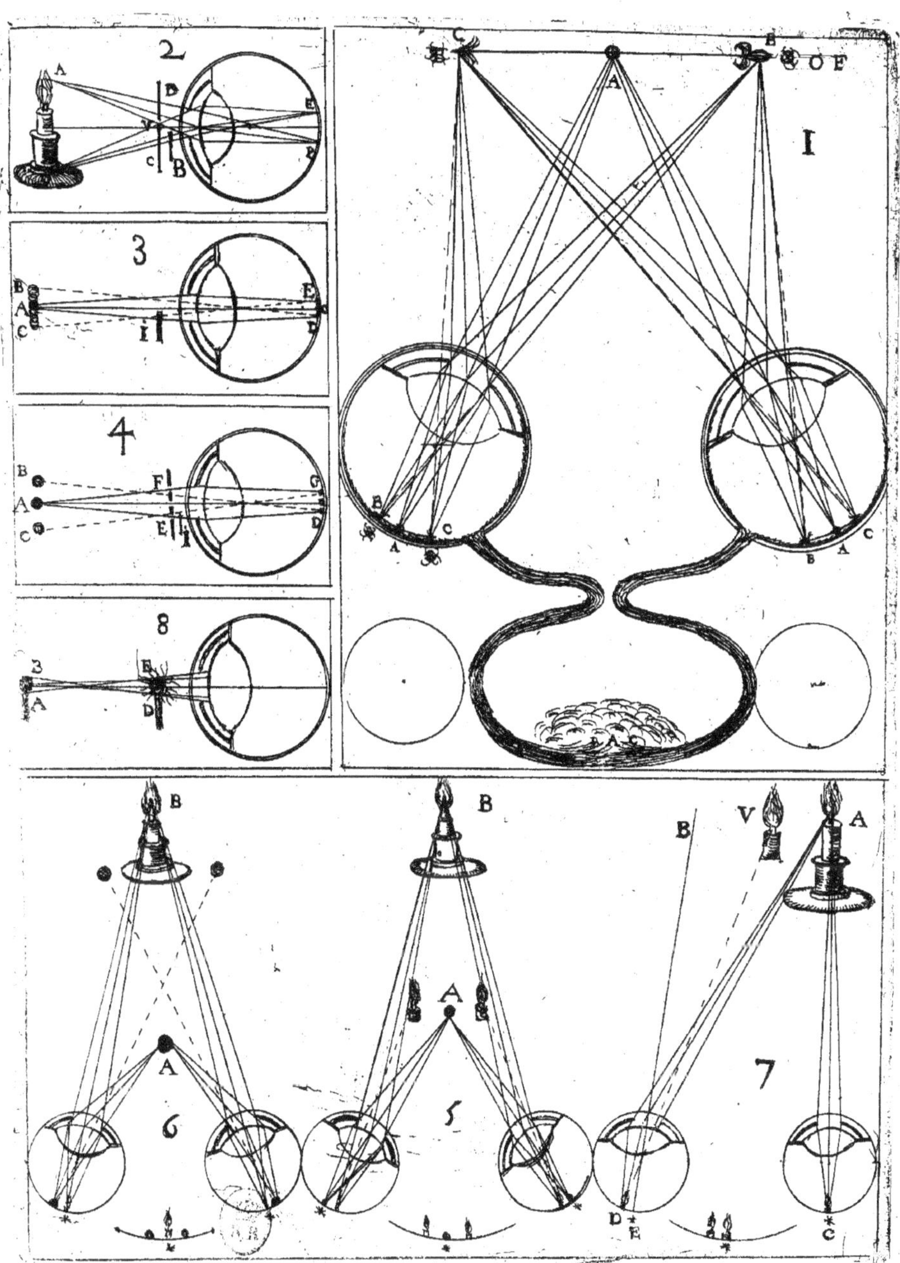

2
A
D
E
V
C
B
3
B
A
C
E
D
4
B
A
C
F
G
E
D
8
B
A
E
D
C
A
B
I
O F
B
A
C
B
A
C
6
B
A
5
B
A
7
B
V
A
D
E
C

LES FONCTIONS DE LA VEVE.

Le propre effect de la Veuë est de perceuoir les objets visibles, & d'en faire le rapport à la puissance estimatiue. Les objets visibles sont, ou Propres, & Communs, ou Mitoyens. *Les Propres* sont la Clairté, & la Couleur, qui ne peuuent estre perceus par autre sens, que par la veuë, & qui sont conneus par leurs propres especes ou images, qui sont la lumiere, & les especes. Ainsi le Rouge est veu par son espece, qui rougit en quelque façon la retine. *Les Communs* sont ceux qui peuuent estre perceus par la veuë, & par quelque autre sens, comme par l'ouïe, ou le toucher, & qui de plus n'ont point d'espece propre, mais sont conneus par la lumiere, ou les especes de la couleur modifiées diuersement, en sorte que l'estimatiue, & l'imagination affectée d'vne espece ainsi modifiée perçoit l'objet visible, en telle, ou telle façon, comme en telle distance, de telle figure, &c. Tels sont l'endroit, la distance, vnité, multiplicité, repos, mouuement, situation, grandeur, figure & semblables. *Les Mitoyens* sont conneus seulement par l'œil, comme les propres, mais non pas par leurs especes, comme les Communs. Tels sont la Transparence, l'opacité, l'ombre, les tenebres, ressemblance & semblables.

Voicy les objets communs, & mitoyens en détail. *L'endroit, ou la Region,* C'est à dire deuant, à droit, à gauche, &c. Ce qui est connu par le mouuement de l'œil à droit, à gauche, &c. ou par l'espece receuë dans l'œil à gauche, ou à droit, &c. *La distance* est connuë premierement par l'experience & l'vsage des autres sens, lors que nous auons experimenté que telle chose representée dans l'œil en telle façon, est en telle distance. 2. Par la disposition de l'œil, ou des deux yeux, qui sont autrement contournez quand l'objet est proche, autrement quand il est esloigné. 1. fig. & le Chrystalin, & en suite l'œil autrement composé, pour voir ce qui est proche, autrement pour ce qui est loing. 2. fig. *Le Lieu* par la connoissance de l'endroit, & de la distance. 3. fig. D, est veu dans l'endroit, ou ligne B D, & en telle distance. *L'Vnité* par vne seule espece. *La Multiplicité* par plusieurs especes. 4. fig. A par les trous B, C est peint en D, E, & veu en F & G autant des lunettes à facettes, qui en multipliant les especes multiplient les objets. *La Grandeur* par la grandeur de l'espece. *La Figure* par la partie de la retine teinte de l'espece plus ou moins. Ainsi 5. & 6. fig. le Globe est veu par l'espece ronde, & plus sombre sur les bords, & ainsi des autres objets en relief. *Le Mouuement* par le mouuement de l'espece dans l'œil. *Le Repos* par le repos de l'espece. *La Transparence* par deux especes en la mesme partie de la retine, auec vn rapport à la distance. 7. fig. L'espece du verre, & du globe, sont ensemble, & l'vne fait paroistre son objet plus esloigné, que l'autre. Ainsi du reste que vous comprendrez facilement, ayant égard aux especes des objets receus en la mesme, ou en diuerses parties de la retine, & agissantes dans le cerueau, & sur tout prenant garde aux connoissances anterieures, qui seruent beaucoup à connoistre les nouueaux objets.

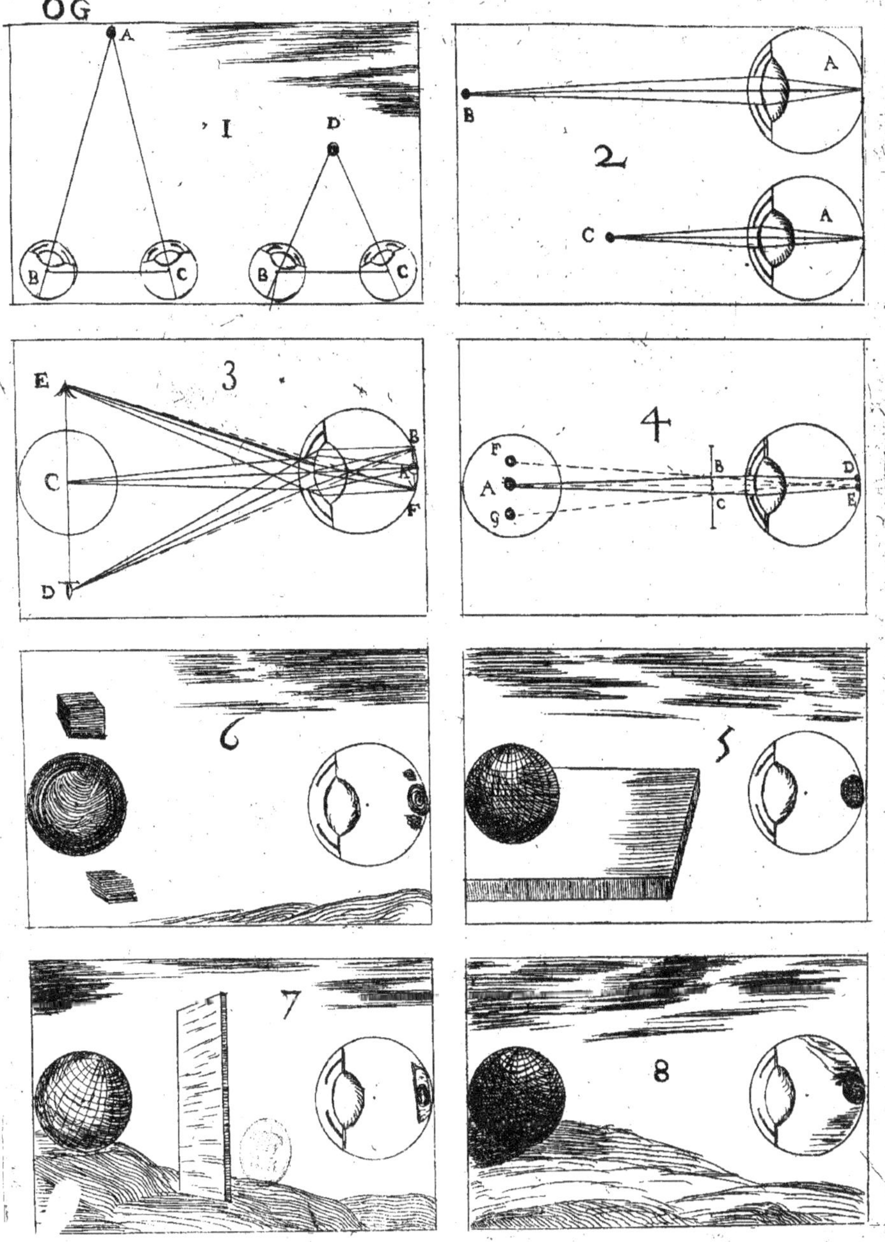
A
D
I
B
C
B
C
2
B
A
C
A
3
E
C
D
B
A
F
4
F
A
G
B
C
D
E
6
5
7
8

LA VEVE DIRECTE.

Elle eſt ainſi appellée, parce qu'elle eſt faite ſans reflexion, ou refraction au dehors par les eſſieux de la Veuë, portez ſucceſſiuement ſur l'objet, en ſorte qu'il en reſte vne certaine idée dans l'imagination. Voicy les proprietez de cette veuë dans la fig. A. Elle eſt faite par le mouuement de l'œil, & ſucceſſiuement, & par des eſſieux de veuë, qui paſſent par le centre de l'œil, où ils ſe croiſent, & où ils font vne pyramide, qui a ſa baſe dans l'objet: Bref, les eſſieux ſont plus ou moins eſleuez, ſelon qu'il faut plus ou moins eſleuer les yeux pour les auoir.

Cette Veuë à ſes principes, qui ſeruent à la Perſpectiue. Les voicy. 1. Ce qui eſt veu, eſt veu ſous vne pyramide, comme A. 2. Ce qui eſt veu, eſt veu ſous vn angle, comme A. B. à ſçauoir ſous l'angle qui eſt fait dedans l'œil par les eſſieux, qui font les coſtez de la pyramide. 3. Les choſes qui ſemblent s'ajuſter, paroiſſent égalles. 4. Les choſes égalles d'vne meſme diſtance paroiſſent égalles. 5. Les choſes qui ſont veuës égales à d'autres, qui ont eſté veuës égales, paroiſſent égales. 6. Ce qui paroiſt égaler par vne de ſes parties vne autre choſe, elle paroiſt la ſurpaſſer par l'autre de ſes parties. 7. Les choſes ſont plus hautes au regard de l'œil, quand il faut que l'œil s'eſleue pour les voir diſtinctement. Autant en faut-il dire des choſes baſſes, ou à droit, ou à gauche. De ces principes vous tirerez les Theoremes ſuiuans.

Theor. 1. Les choſes qui ſont veuës ſous vn meſme angle, ou ſous vn égal, paroiſſent égales. Ainſi fig. B, l'Homme, la Lance, & la Pyramide, paroiſſent égaux. *Theor.* 2. Ce qui eſt veu ſous vn plus grand angle paroiſt plus grand. Ainſi figure C, le poignard paroiſt ſurpaſſer l'eſpée de toute ſa garde. *Theor.* 3. Des choſes égalles celles qui ſont les plus eſloignées, paroiſſent plus petites. D. F. H. *Theor.* 4. Et celles qui ſont veuës de front paroiſſent plus grandes, que celles qui ſont veuës obliquement. Ainſi G. la jaueline de biais paroiſt plus petite. Dans L. elle paroiſt comme vn cercle, & le cercle, ou le triangle N, comme vne ligne & la lance P comme vne eſtoille. *Theor.* 5. Des choſes égalles celles qui ſont les plus eſloignées paroiſſent les plus baſſes, ſi elles ſont au deſſus de l'œil, comme les colomnes D: où les plus hautes, ſi elles ſont au deſſous de l'œil, comme les bornes D. Autant en faut dire de celles qui ſont à droit au regard de l'œil, ou à gauche. Ainſi dans R. le lambris s'abbaiſſe, le paué s'eſleue, le coſté droit s'approche du milieu vers le gauche, & le gauche en fait autant vers le droit. Ainſi le fonds du Puis T paroiſt plus haut que la margelle proche de l'œil, & le fonds de la vallée plus haute que la montaigne, qui eſt aux pieds du regardant. Que ſi nous jugeons autrement, ſur d'autres connoiſſances, & par les habitudes acquiſes de longue main.

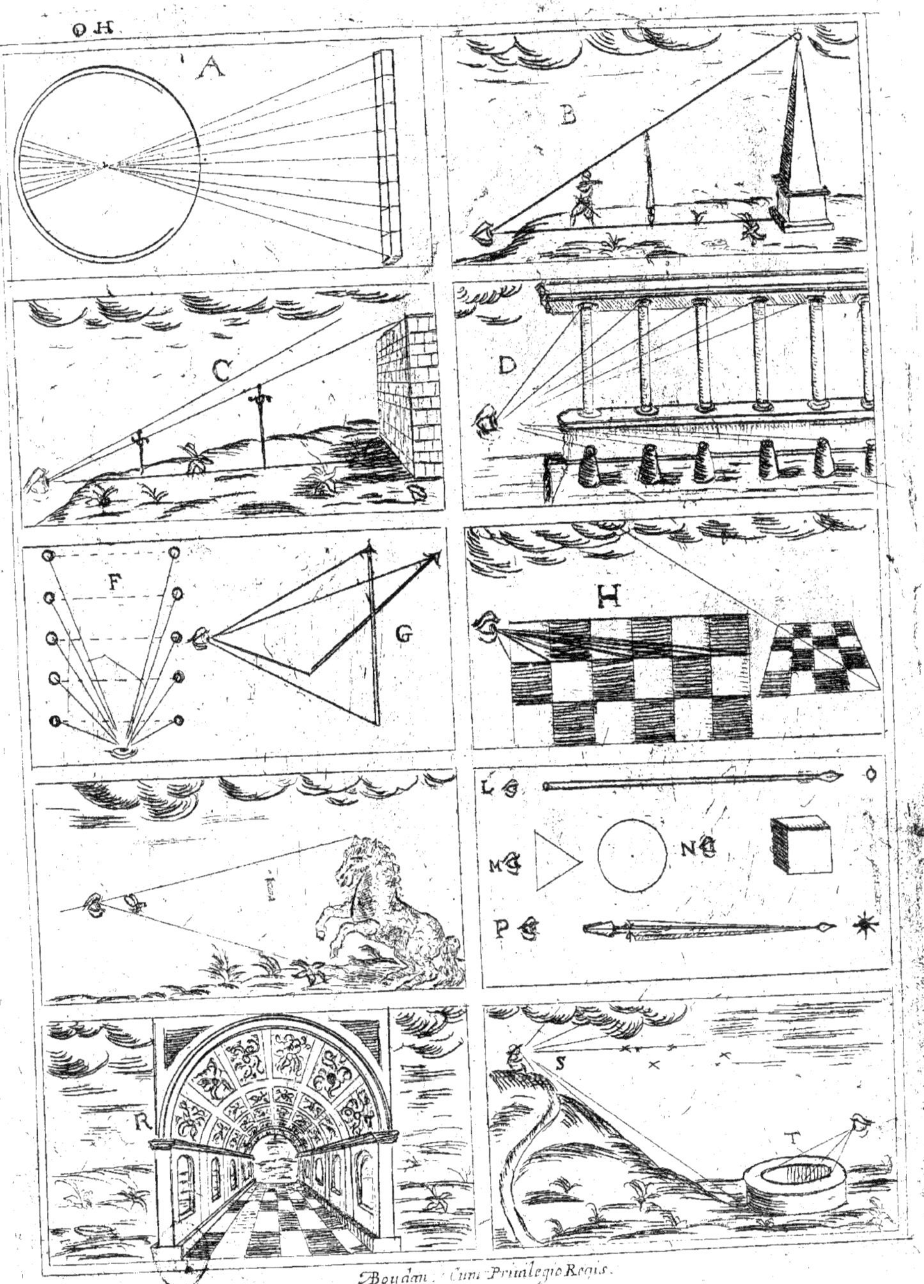
OH
A
B
C
D
F
G
H
I
L
M
N
O
P
R
S
T
Boudan Cum Privilegio Regis.

LES LVNETTES ORDINAIRES.

Comme la Veuë directe est expliquée par le moyen d'vn verre conuexe, mis à l'ouuerture d'vne chambre fermée. fig. 1. ou le verre tient la place du Chryſtalin, & le papier de la retine : ainſi la veuë faite par refraction à l'aide des lunettes eſt expliquée par l'entremiſe de deux ou trois verres mis à ladite ouuerture. 2. fig. Le veuë interieur A repreſente le Chryſtalin, & l'exterieur C la lunette miſe au deuant de l'œil. De plus, comme les diuers Chryſtalins font la veuë, ou diſtincte ou confuſe, ſuiuant ce qui a eſté dit dans la page, & ſtampe O E, qu'il eſt à propos de rappeler icy : ainſi la diuerſe figure des verres, ou lunettes, & des Chryſtalins, expliquent les diuers effects des lunettes. Voicy les principales regles obſeruées touchant la diſpoſition de deux verres, poſez à l'ouuerture d'vne chambre fermée l'vn deuant l'autre en certaine diſtance. 1. *Regle*. Vn verre conuexe mis au deuant de l'interieur approche la peinture, ou demande que le papier ſoit approché. 3. fig. Le verre interieur A ſeul auroit ſa peinture à la diſtance T. & le verre interieur C eſtant adjouſté, la peinture ſera en V. 2. *Regle*. Vn verre concaue mis au deuant de l'interieur conuexe eſloigne la peinture. 4. fig. Le verre interieur A ſeul auroit ſa peinture à la diſtance V, & le verre concaue eſtant adjouſté, il l'aura en T.

La premiere regle explique les lunettes conuexes, ou de longue veuë, pour ceux qui ne peuuent voir de prés. La lunette fait que la peinture diſtincte de l'objet proche de l'œil (qui ſans lunette porteroit au delà de la retine) porte droit ſur la retine. La ſeconde declare les lunettes concaues, ou de courte veuë, pour ceux qui ne peuuent voir ce qui eſt eſloigné. La lunette fait que la peinture diſtincte de l'objet eſloigné (qui ſans lunette ſeroit au deçà de la retine) porte droit dans la retine. Ainſi les lunettes ſuppléent aux defaux des Chryſtalins qui font endurcis, ou qui ne peuuent prendre la forme requiſe à ce que l'objet ſoit repreſenté nettement & diſtinctement dans la retine. Quand à ce qu'elles augmentent l'objet, elles ont cela de commun auec les ſuiuantes, qui vous feront entendre cela, comme ces Communes vous baillent à connoiſtre comme quoy les autres repreſentent nettement & diſtinctement.

Pour bien entendre les vnes & les autres, il faut auoir recours aux regles de la refraction expliquées cy-deſſus, & rapporter le tout aux experiences faites à l'ouuerture de la chambre fermée y appliquant des Chriſtaux de diuerſe conuexité, & prenant garde à leurs diuers effects ſur le papier, ou les eſpeces ſont repreſentées, tantoſt plus grandes, & tantoſt plus petites ; par fois en vne plus grande diſtance, & par fois en vne plus petite.

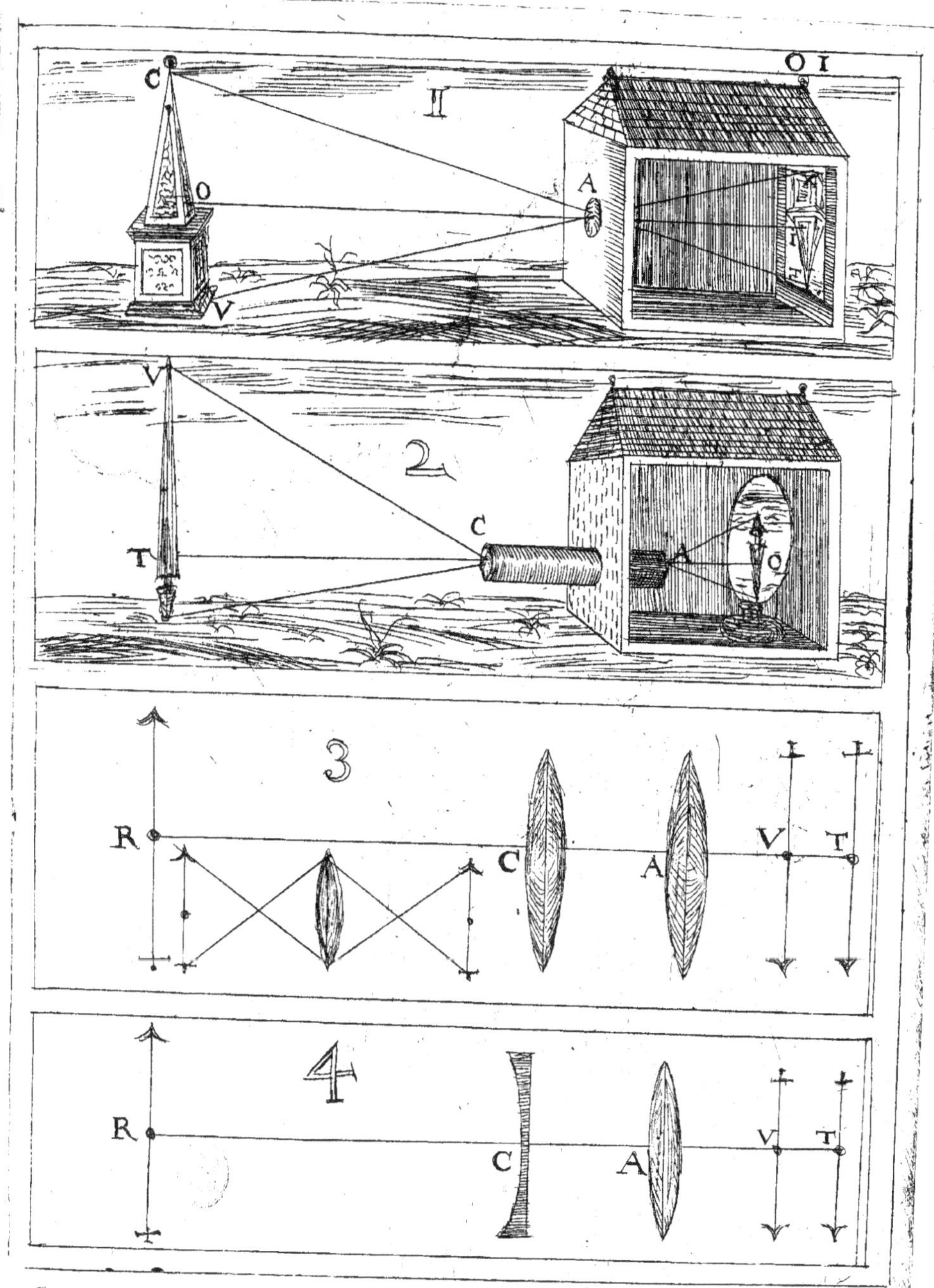

C
O
V
I
A
2
V
T
C
A
O
3
R
C
A
V T
4
R
C
A
V T

LES LVNETTES EXTRAORDINAIRES.

L'effect de ces Lunettes eſt d'augmenter l'objet, & de l'approcher, & tout enſemble de le peindre dans la retine diſtinctement, & nettement, afin qu'il ſoit vu parfaitement. Elles peignent diſtinctement, en faiſant que la peinture de l'objet porte droit ſur la retine, & non au deçà, ny au delà. Elles augmentent, en faiſant que la peinture ſoit plus grande dans la retine. Ce qui ſe fait pour deux chefs, ou pource que l'objet eſt fort proche de la Lunette, ou pource que la Lunette, c'eſt à dire ſon verre conuexe, & exterieur, eſt eſloigné de la retine; d'où s'enſuit que les rayons ſe croiſans toûjours ſur la Lunette, ou ſon trou, qui tient la place de la prunelle, dans le premier cas l'objet eſt plus prés du point ou les rayons ſe croiſent, & fait en ſuite vn plus grand angle; & dans l'autre la retine eſt plus eſloignée dudit point, & en ſuite reçoit vne plus grande baſe. Voyez vn eſchantillon de cecy dans la figure 1. & 2. ayant eſgard aux refractions qui ne contrarient point à ces veritez.

Les Lunettes à puces. Voyez la 3. fig. Le verre conuexe eſt en A auec vne petite lame trouée : La puce eſt dans la petite bouteille B. les rayons paſſans par le trou, & rompus comme il faut, ſe croiſent, & font vne grande peinture dans la retine C, d'ou la puiſſance apprehende vn grand objet. Le verre fait que la peinture porte droit ſur la retine, & le point A eſloigné de la retine, & prés de l'obiet, fait que la peinture eſt grande.

Les Lunettes d'approche, fig. 4. les rayons A viennent ſenſiblement parallelles de châque point de l'obiet beaucoup eſloigné, & toutefois les rayons qui viennent des points droits ſe croiſent ſur l'entrée de la Lunette, auec ceux qui viennent des points gauches à l'ordinaire; d'vn nous les connoiſtrons tous. Les rayons A d'vn meſme point ſont rompus en B par le conuexe, & portez à vn point commun, qui ſeroit vers V ſi le verre concaue n'interuenoit : ainſi le concaue C romp leſdits rayons, & les eſcarte, & les enuoye dans l'œil D, tout de meſme que s'ils partoient d'vn point voiſin comme O. En ſuite leſdits rayons portans ſur le Chriſtalin ſe briſent, & vont ſur vn meſme point de la retine, & y font auec les autres vne peinture de l'obiet diſtincte & grande; à cauſe qu'elle porte preciſement ſur la retine, & que la retine eſt eſloignée du point où les rayons ſe croiſent.

Les Lunettes à facettes. 5. fig. Elles ſont compoſées de diuerſes faces: ainſi les rayons du meſme obiet rencontrans ces faces diuerſement ſituées ſont rompuës, & portez dans l'œil en diuers endroits, tout de meſme que s'ils venoient de diuers objets.

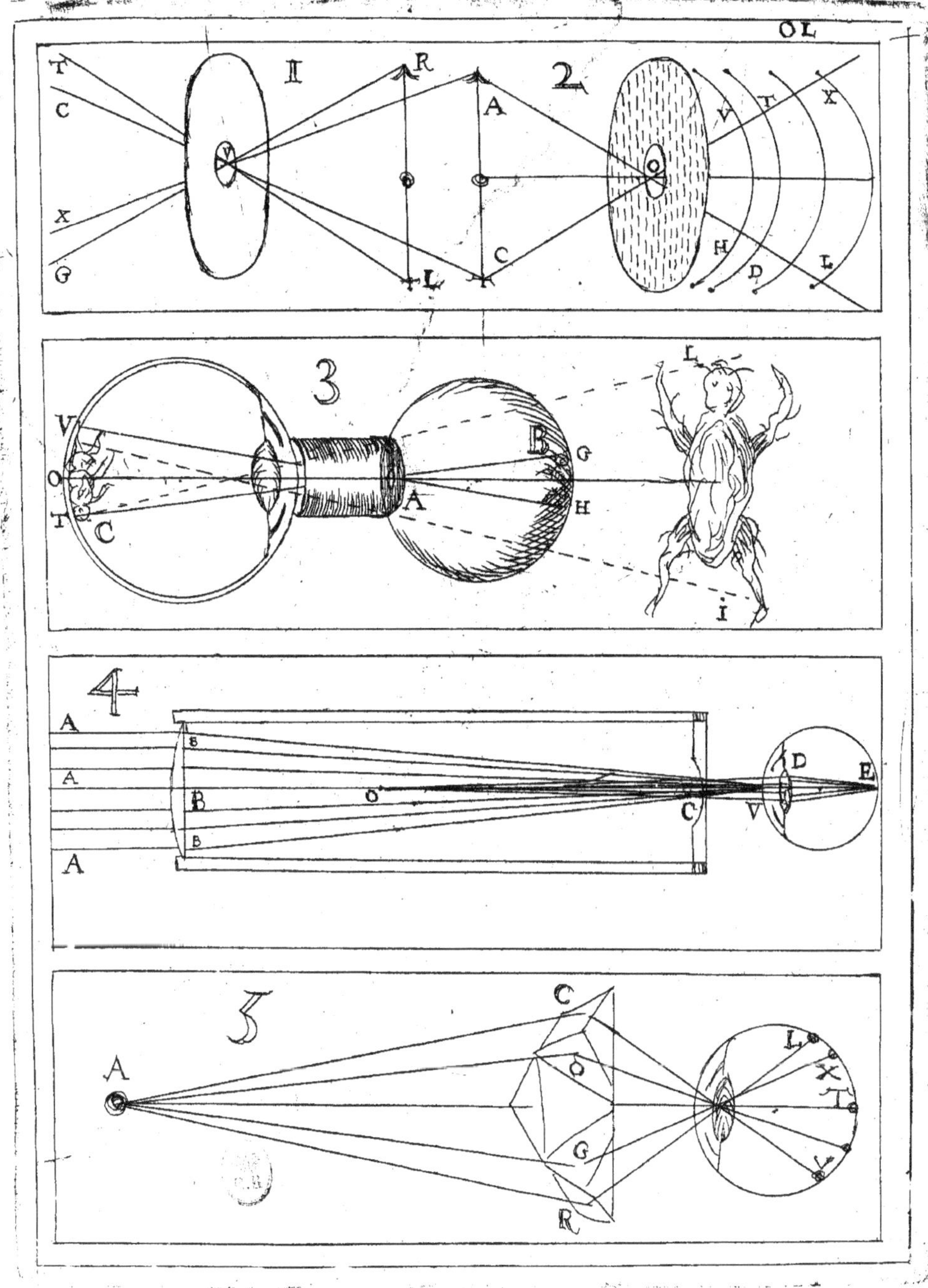
OL
II
R
2
A
T
C
X
G
V
L
C
V
T
X
H
D
L
3
V
O
T
C
B
G
A
H
L
i
4
A
A
A
B
B
B
o
C
D
E
V
5
A
C
o
G
R
L
X
I
V

LE MIROIR PLAN.

L'objet entier est reflechi, & representé dans l'œil par le moyen d'vn Miroir en la mesme façon que chậcun des points dudit objet, & châque point est peint dans l'œil, tout de mesme qu'il le feroit si le Miroir estoit osté, & si l'objet ou l'œil estoit à l'opposite. Ainsi 1. fig. A frappe F E, & rejallit, & va dans l'œil C, comme il feroit dans l'œil B sans Miroir, ou comme il feroit dans l'œil C, s'il estoit en D. Aussi l'œil C, voit A, comme s'il estoit en D. Cette regle est importante, & fera connoistre facilement, les effets des Miroirs. Voicy ce qui touche, le Miroir Plan.

1. *Il change le droit en gauche.* 2. F. L'œil droit A, est vu en B, qui est le costé gauche de la face veuë par le Miroir. 2. *Il renuerse* 3. & 4. fig. A, est vu dans le Miroir Horizontal en T S, & à l'enuers, à cause que le rayon superieur A O, est fait inferieur, par la reflection. Ainsi des autres. 3. *Il escrit.* 5. F. couurez le Miroir d'vne carte, dans laquelle soit coupée à iour la lettre A, & le Miroir exposé au Soleil, renuoyera dans vn lieu obscur sa lumiere formée en A. Ainsi des autres successiuemens, ou de telle autre marque qu'il vous plaira choisir.

4. *Il espie.* 6. F. Vn Miroir suspendu au haut d'vne tour reçoit les especes du fossé, & des endroits voisins, & les renuoye vers ceux qui sont dans la tour, & en suite descouure tout. 5. *Il rapporte.* 6. F. Le Miroir estant suspendu, comme cy-dessus auec vne deüe inclination, ceux qui sont dehors, quoy qu'esloignez, peuuent faire paroistre des flambeaux ardens, & par leur reflection contre les Miroirs se faire entendre à ceux de dedans. 6. *Il mesure.* 7. fig. Par vn Miroir Horizontal, ou peut connoistre les distances & hauteurs, ainsi que nous auons fait voir dans la Geometrie effectiue. 7. *Il peint.* 8. fig. comme il represente son objet parfaitement, & auec tous les racourcissemens, ainsi peut-on tracer sur sa face les principaux traits de l'objet. 8. *Il monstre l'heure.* 9. F, par vn Miroir mis à la fenestre, la lumiere refleschie sur le planché, monstrera l'heure dans vn Horologe, tracé à propos. 9. *Il multiplie.* 10. fig. la mesme chandelle est veuë par fois triple dans vn Miroir de verre; à sçauoir par la premiere reflection sur la face superieure, 11. fig. par G A. A L. puis par la seconde, sur le fond du Miroir comme par G C, C L. en outre par trois reflections, comme fig. 12. par **G C, C A, A D, D,** &c.

O M
I
C
A
B
D
E
F
2
B
3
E
A
x
C
D
S
B
T
V
4
V
S
B
T
D
E
A
x
C
5
A
6
7
D
A
B
8
9
10
11
L
G
C
B
E
12
G
A
D
C
E

LES MIROIRS PLANS.

Les Miroirs Plans estans opposez, ou disposez d'vn bon ordre, ont de beaux effects, se renuoyant les especes les vns aux autres, & puis dans l'œil du spectateur. 1. *Ils voyent à doz.* 1. fig. par vn Miroir mis à doz, vous verrez dans vn autre Miroir le derriere de vostre teste. 2. *Ils baillent le change.* 2. fig. L'œil entre deux Miroirs parallelles, voit plusieurs fois le mesme objet. 3. fig. A va directement dans l'œil O. puis par A B, B C, C O. puis par A B, B C, C D, D E, E O. *Ils multiplient.* 4. fig. Plusieurs Miroirs disposez en rond font paroistre plusieurs fois le mesme objet. 6. fig. A va droit dans l'œil C. puis par A B, B C. puis par A D, D E, E C, & les autres Miroirs en font autant, & tous ensemble des merueilles.

Pareillement 5. fig. le mesme objet est vu dans plusieurs Miroirs plusieurs fois, chascun le renuoyant dans le mesme œil. *Ils esclairent.* 7. fig. plusieurs Miroirs bien disposez enuoyent leur lumiere dans le mesme endroit, où ils y pourroient brusler. En fin 8. fig. Deux Miroirs estans disposez à l'esquaire, & poussez hors la fenestre, representeront la ruë de part & d'autre d'vne perspectiue fort agreable.

LE MIROIR CONVEXE.

Le Miroir conuexe à ses proprietez. 1. Il represente plus grande estenduë d'objet, que ne fait vn Miroir plan de mesme grandeur, à cause que sa curuité se tourne vers ses objets mis a costé. 9. fig. G B O F est le plan, D B O G le conuexe: Le point A va sur le plan en O, & reflechit en D. Le mesme A va sur le conuexe en O, & rejallit en E, & dilate l'action du point A; & en suitte si l'œil est en A, non seulement l'objet D l'ira trouuer, mais aussi l'objet E, & de la sorte il descouurira plus d'objets. 2. Il racoursit. 10. fig. L'objet D C baillant, sur le conuexe I E O va dans l'œil A par C E, E A. D E, E A, & est vu sous vn petit angle E A E, & en suitte paroist plus petit. 3. Il represente plus viuement, à cause qu'il rallie les objets ou les especes, qui en sont renduës plus fortes. Ainsi il est propre à representer les Iardins, edifices, & semblables choses, les faisant voir dans vne belle perspectiue. Les plus conuexes, ou qui sont parties d'vne plus petite sphere, rabregent dauantage, ainsi que la fig. 11. fait voir à l'œil, & tous font paroistre quelque curuité dans l'objet, à cause de leur propre curuité.

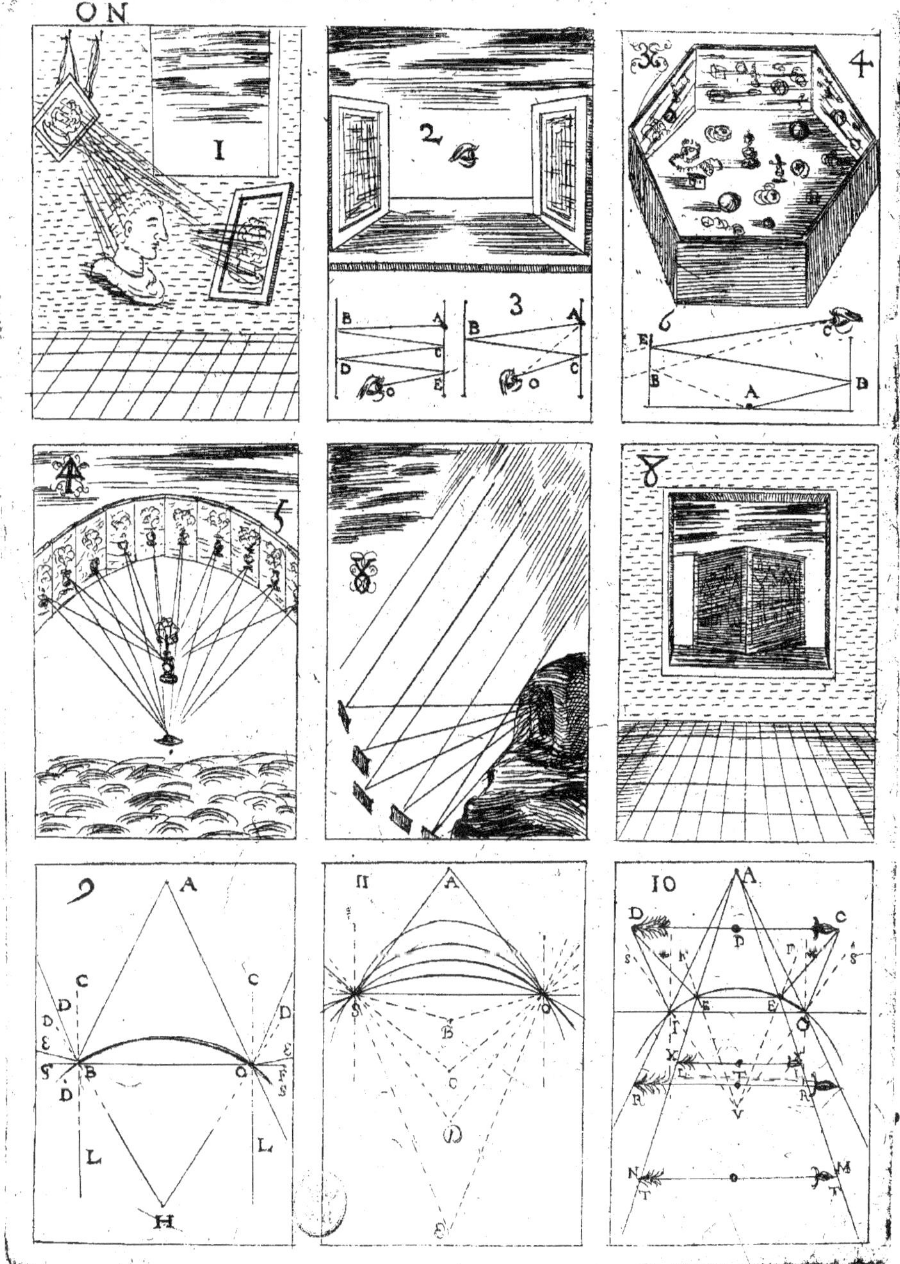
ON
I
2
3
4
6
E
B
A
B
5
8
9
A
C
C
D
D
D
D
B
O
F
L
L
H
II
A
S
O
B
C
D
10
A
D
C
E
E
N
M

LE MIROIR CONCAVE.

Le Miroir concaue spheric reflechit en deux façons. 1. Si l'objet est interieur, c'est à dire entre le centre & le Miroir, il reflechit à l'ordinaire,
par des rayons non croisez. 1. fig. Le Miroir estant F E que nous repre-
sentons.par vn arc, l'objet B C interieur, ou entre le Miroir & son centre D est reflechi par B E, E A, & C F, F A dans l'œil H. Autant en faut-
il dire des autres points ou parties de l'objet B C qui enuoyent leurs
rayons directes & reflechis, & que nous ne mettons point icy pour éui-
ter la confusion. 2. Si l'objet est exterieur, c'est à dire au delà du centre
du Miroir la reflexion se fait par des rayons croisez. 2. fig. B C au delà
du centre D va dans l'œil A par B E, E A, & C F, FA & B E, C F se croisent. Voicy les effets.

1. *Il renuerse, & dresse.* Le premier selon la 2. façon, & le second selon
la 1. Voyez les figures 1. 2. Quand les rayons se croisent, l'objet est peint
dans l'œil tout droit, d'où il est veu renuersé. Tout au contraire dans
l'autre. 2. *Il confont.* 3. fig. L'œil au centre se voit par tout confusé-
ment. 3. *Il cache.* 4. fig. Si l'objet est au centre, & l'œil autre part, il ne
verra rien, à cause que l'objet se reflechit sur soy-mesme, & non dans
l'œil. 5. *Il augmente.* 5. fig. L'œil A se voit tres-grand à cause qu'il est
peint grand dans la retine, ce qui se fait par les rayons reflechis, qui
sont dilatez par les perpendiculaires d'incidence, qui concourent dans le
centre. Ainsi fig. 8. l'objet B C est peint aussi grand que seroit vn objet
plus grand E F sans Miroir; l'vn & l'autre allant dans l'œil par les mesmes rayons E G H, F H A. 5. *Il multiplie.* 6. fig. Quand l'œil A est interieur, ou entre le centre E, & le Miroir; & l'objet B est exterieur, B est
vu par B C A, & B D A, pourueu que le Miroir soit grand. Le mesme ar-
riue 7. si l'œil A est exterieur, & l'objet interieur. 6. *Il ne fait voir qu'vn
œil.* Quoy que vous vous voyez des deux yeux, vous n'en verrez par fois
qu'vn. 9. fig. L'œil A va en C, & de là dans l'œil B; & B va en C, & de
là en A : ainsi dans le cerueau il n'y a qu'vne espece de l'œil, ou bien deux
ensemble, & fort semblables. *Il fait paroistre deux yeux.* fig. 11. & 12. ou
mesme l'œil plus long. fig. 10. pour mesme raison que cy-dessus, & pour
l'experimenter, mettez vos yeux en mesme situation au regard du Miroir,
que vous voyez les yeux A, B dans les susdites figures. 8. *Il forge des
spectres.* 13. fig. Presentez vne espée au Miroir en juste distance, & il vous
en fera voir vn autre en l'air deuant le Miroir trompant l'imagination,
dans laquelle l'espée est representée tout de mesme que si elle estoit en
l'air. 9. *Il brusle.* Voyez les Miroirs ardens page O R.

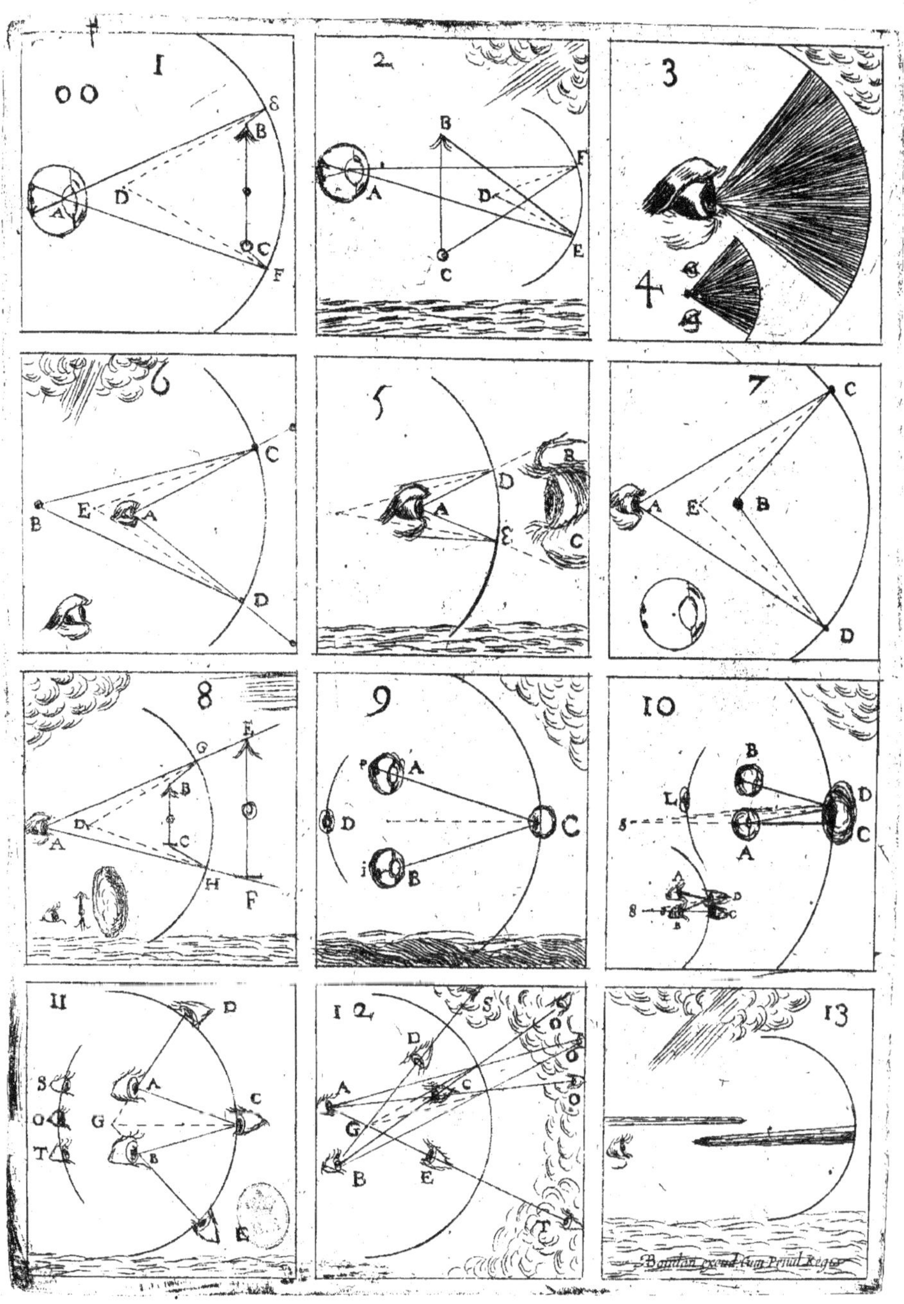

I
OO
2
3
4
6
5
7
8
9
10
II
12
13
Baudan excudit cum Privil. Regis

LES MIROIRS MESLEZ.

Les Miroirs meſlez ſont ceux qui participent aux proprietez des Miroirs plans, & ſpheriques : Tels ſont les Cylindriques conuexes & concaues ; tels les Coniques.

Le Cylindric. 3. fig. D'vne confuſion de couleurs qui paroiſt ſur vn plan, il repreſente vne figure parfaite, comme d'homme, &c. Voicy la pratique 1. & 2. fig. Tirez des lignes ſur le plan en ſorte qu'elles repreſentent dans le Miroir vn rez compoſé de parallelogrammes, ainſi que vous voyez au haut de la 3. fig. ou paroiſt vn rez compoſé de lignes parallelles, les vnes en montant, & les autres en trauerſant. Pour auoir les trauerſantes, prenez 1. fig. la place de voſtre Miroir ſur le plan, & puis de cette place, comme d'vn centre deſcriuez quantité de cercles, comme 15. ou 20. & d'vne diſtance telle, que le Miroir eſtant poſé en ſa place, ces cercles vous repreſentent autant de trauerſantes à peu prez, & eſgalement diſtantes à veuë d'œil. Pour les montans, fig. 2. preſentez deuant le Miroir ſur le plan des petites regles, ou baguettes, comme en ſortant du centre, & rangez-les en ſorte qu'elles vous repreſentent dans le Miroir autant de montans également diſtans à l'œil, & enuiron autant que les trauerſantes, & quand elles vous aggreeront marquez autant de lignes occultes. Cecy ſuffira pour la pratique manuelle, attendant que vous ayez la Geometrique en ſon lieu. Cela fait, marquez ſur l'image que vous voulez repreſenter vn rez ſemblable à celuy qui paroiſt dans le Miroir ; à ſçauoir compoſé dautant de parallelogrammes, ou lignes parallelles, & puis tranſportez ce qui eſt en châque parallelogramme du rez de l'image dans les parallelogrammes du plan ; c'eſt à dire dans les figures ſur le plan qui les repreſentent, & vous aurez voſtre image dans le Miroir, duquel vous vous pourrez ſeruir en diuerſes façons. 1. à l'ordinaire, 3. fig. la peinture ſur vn plan horizontal, & le Miroir deſſus. 2. faites la peinture ſur le plancher, & ſuſpendez le Miroir. 4. fig. 3. faites la peinture ſur vne platte bande autour de la ſalle, & poſez le Miroir ſur vn pied deſtal 5. fig. ou ſuſpandez-le. Bref le cylindre peut eſtre concaue, 6. fig. & ſe pratique tout de meſme.

Le Miroir conique eſtant poſé ſur vn plan coloré diuerſement, il repreſente vne image parfaite. 8. fig. La pratique eſt dans la 7. fig. Le point de l'œil eſt pris ſur la pointe du Miroir à vn pied de diſtance enuiron. Tirez du centre tant de rayons qu'il vous plaira, & faites autour du meſme centre quantité de cercles comme vous voyez : Le Miroir poſé ſur le centre vous fera voir de tout cela vne eſpece de rez, ſemblable aux filets d'araignées, & compoſé de cercles & rayons : Faites-en vn ſemblable ſur voſtre image, ayant autant de cercles & de rayons, & rapportez tout de l'image ſur le plan, comme cy-deſſus. Vous pourrez mettre le Miroir au plancher, 9 fig. ou ſur vn bouclier 10. fig. & l'auancer plus ou moins en dehors, eſloignant la peinture à proportion 11. & 12. fig. La pratique vous inſtruira.

Boudan excud Cum Priuil Regis.

LES MIROIRS ARDENTS.

Les Miroirs ardens font ceux qui rallient quantité de rayons du Soleil en vn mefme endroit, où ils efclairent grandement, & en fuite bruflent. Cét endroit eft appelé le foyer. Ils fe font en deux façons, par reflexion, ou refraction. *Par reflexion.* En reflechiffant les rayons du Soleil en vn mefme endroit au deuant du Miroir. Ainfi 1. fig. le Miroir fpheric concaue les ramaffe à la 3. partie de fon diametre enuiron : D'où vient que plus grande eft la Sphere de laquelle il fait vne partie, & plus loing il brufle, pourueu qu'il foit grand à proportion. *Par refraction.* En brifant les rayons du Soleil, & les pointant en vn mefme endroit au delà du Miroir. Ainfi 2. fig. vne boule de verre, ou vne phiole pleine d'eau, brufle au delà de fon corps enuiron la 6. partie de fon diametre, & vn chriftal conuexe de part & d'autre, enuiron la longueur de fon diametre.

L'vfage. Pour brufler il faut vne matiere feiche, & pour brufler bien loing, il faut vn grand Miroir, ou plufieurs parties d'vn grand, & tresbien poly,

La raifon. Le Soleil, vn flambeau, & tout autre agent qui agit par reflexion, ou refraction, fait par ces voyes autant que feroient plufieurs Soleils agiffans fur vn mefme fujet. Ainfi comme plufieurs Soleils brufleroient, ce n'eft pas de merueille fi le mefme, quoy que feul en foy, mais multiplié par artifice, alume, & fait des incendies. Voicy comme quoy tout fe paffe fur la fig. 1. & 3. ou le Soleil eft en A le Miroir eft C O L, le foyer V le rayon direct A O, le reflechi O V, & fur la 4. fig. 1. Plufieurs agens, comme 4. flambeaux peuuent enfemble faire fur vn mefme fujet, ce qu'ils ne pourroient faire en particulier, & plus on en met, plus ils font, & pourroit-on bien en tant mettre qu'ils brufleroient. 2. Le corps reflechiffant (autant en faut-il dire de celuy qui caufe la refraction) ne fait de foy autre chofe que deftourner, ou bailler vne autre determination au rayon du Soleil, à ce qu'il faffe au deçà, ce qu'il feroit au delà. Ainfi ce que le rayon A O feroit fans Miroir allant en H, il le fait en V deftourné par le Miroir, & fait par A O, O V, ce qu'il feroit par A O, O H. 3. Le Soleil par fon rayon reflechy, fait le mefme qu'il feroit s'il eftoit au delà en pareille diftance dans la ligne reflechie produite au delà du Miroir. Ainfi le Soleil en A fait par A O, O V, ce qu'il feroit, s'il eftoit en T par T O, O V. 4. Si le Soleil reflefchiffoit cent rayons au mefme foyer comme en V efgaux audit foyer, il y feroit autant que feroient cent Soleils au delà du Miroir és poincts proportionnez T T. Quelle merueille donc fi le Soleil brufle faifant ce que feroient plufieurs Soleils, & plufieurs Soleils pouuans brufler, là ou vn feul ne le pourroit?

Ainfi pour expliquer comme quoy le Soleil produit beaucoup plus deuant le corps reflechiffant, il n'eft pas befoin de recourir audit corps, comme fi de foy il agiffoit en autre façon qu'en détournant les rayons du Soleil.

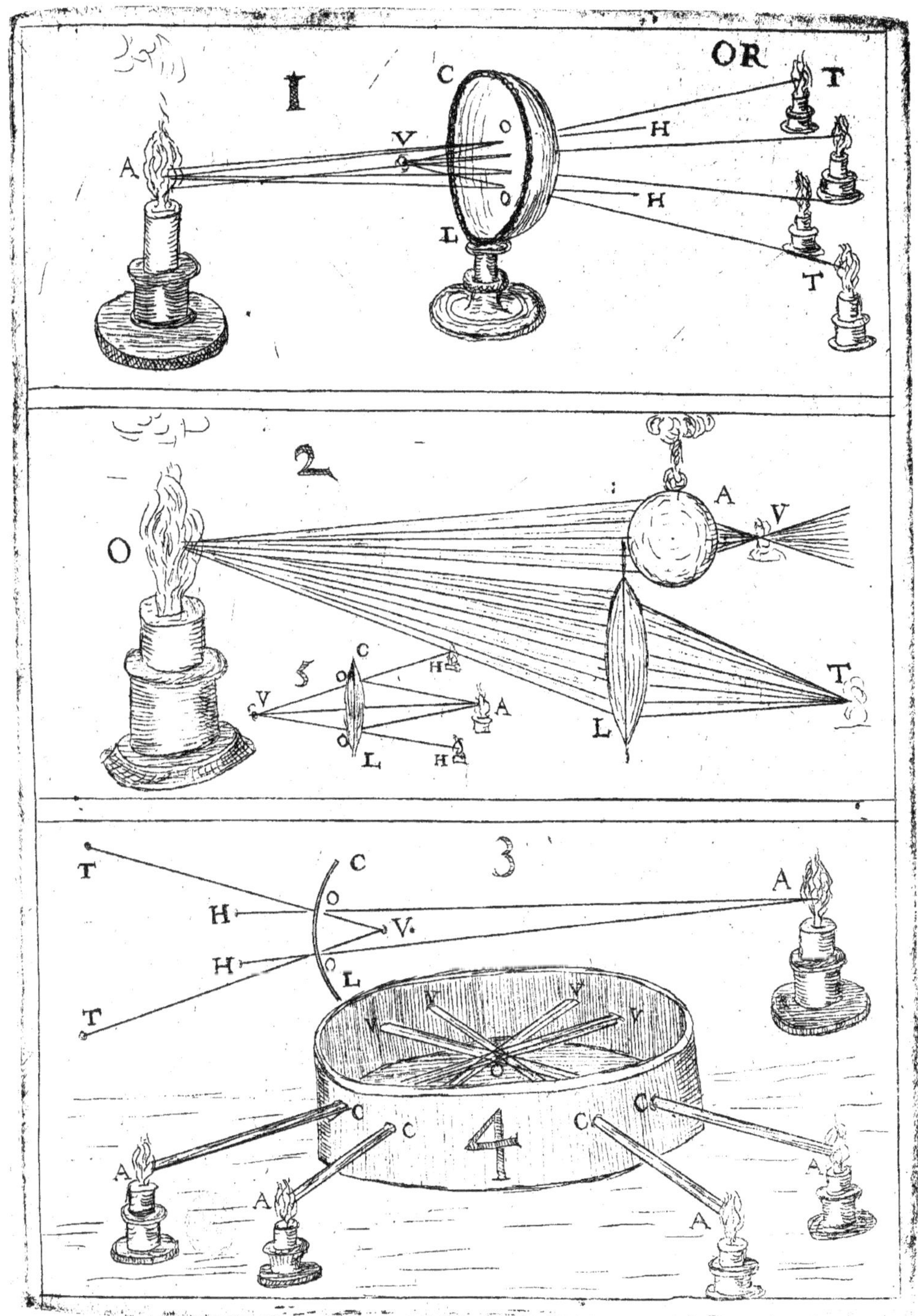

OR
I
C
V
A
H
T
H
T
L
T
2
O
A
V
C
5
V
H
A
L
H
T
L
3
T
C
A
H
V
H
T
L
4
Y
Y
C
C
C
C
A
A
A
A